행복한 신앙생활을 위──한 발돋움

◆ 홍석균 지음 ◆

목차

- **첫 번째 만남** 하나님의 존재 (Knowledge of God) ········ 9p
- **두 번째 만남** 인간의 속성 (Human Attribute) ········ 17p
- **세 번째 만남** 구원자, 예수 그리스도 (Savior, Jesus Christ) ········ 25p
- **네 번째 만남** 거룩의 여정, 성화 (Sanctification) ········ 33p
- **다섯번째 만남** 아픔과의 만남 (Wound Recovery) ········ 39p
- **여섯번째 만남** 일상과 영적전쟁 (Spiritual Encounters) ········ 45p

| 일곱번째 만남 | 종말론적 신앙 (Apocalypse) | 53p |

| 여덟번째 만남 | 목자와 양 (Shepherdship) | 61p |

| 아홉번째 만남 | 교회의 영광 (Ecclesiology) | 69p |

| 열 번째 만남 | 관계와 소통 (Relationship & Communication) | 77p |

| 열한번째 만남 | 전도와 선교 (Evangelism & Mission) | 85p |

| 열두번째 만남 | 역동적인 소그룹 (Small Group) | 93p |

| 부 록 | 인터뷰 질문지 | 101p |

과제물 점검표　　109p

저자 서문

신학에 입문하여 목사안수를 받고 18년 동안 수많은 성도들에게 하나님 말씀을 가르쳐 왔습니다. 그러나 내 안에 풀리지 않는 질문은 성도들이 잘 변하지 않는다는 것입니다. 교회에서 성경공부도 하지만 세상으로 돌아가면 여지없이 무너지는 모습을 참으로 많이 보았습니다.

오랜 고민 끝에 세 가지 이유를 발견했습니다. 첫째는 성경공부가 너무 어렵습니다. 생소한 신학적인 용어와 어려운 질문들로 인해서 성경공부를 들어가기도 전에 이미 흥미를 잃는 경향이 있었습니다. 둘째는 균형 잡힌 교리체계와 신앙실천을 상실했기 때문입니다. 누가복음 10장에 선한 사마리아인의 비유를 통해서 먼저 '강도 만난 자가 누구인지'를 가르쳐 주시고, 그 뒤에 '너희도 이와 같이 하라'고 하신 말씀은 교리와 실천의 균형을 강조하신 것입니다. 바울도 서신서 전반부는 교리부분, 후반부는 신앙실천을 강조했듯이 양육의 핵심은 탄탄한 이론을 바탕으로 한 신앙실천의 균형이라고 할 수 있습니다. 그러나 많은 성경공부들이 사변적인 이론에만 치우치거나 또는 실천만 강조한 나머지 행위신앙으로만 치우친 모습을 보여 왔습니다. 셋째는 소그룹의 역동성을 경험하지 못했기 때문입니다. 소그룹에는 사람을 변화시키는 강력한 힘이 있습니다. 그러나 많은 교재들이 닫힌 질문들로만 이루어져 있어 역동적인 성경공부를 경험하지 못했고, 깊이 있는 삶을 나누지 못하는 모습을 보여 온 경향이 있었습니다.

필자는 이러한 고민 끝에 누구나 쉽게 접근 할 수 있고, 이론과 실천에 균형을 갖출 뿐 아니라 역동적인 소그룹을 경험할 수 있는 교재를 만들고자 고민 끝에 본 교재를 집필하게 되었습니다. 첫째, 어려운 신학용어와 성경 이야기를 쉽게 풀이하여 본문에 접근하였습니다. 둘째, 전반부에 수록된 탄탄한 교리체계를 바탕으로 후반부에 신앙실천을 다루었습니다. 셋째, 역동적인 소그룹을 경험할 수 있도록 닫힌 질문과 열린 질문을 조화롭게 배치하였습니다. 이 교재는 12주 과정으로 되어 있기 때문에 새가족 과정을 이수한 분과 신앙에 관심을 가진 분들이라면 어렵지 않게 학습할 수 있습니다. 그리고 제자훈련에 들어가기 전에 역동적인 소그룹을 경험하기를 원하는 자들에게 매우 유익합니다.

바라건대 'Becoming Happy Christian'(행복한 신앙생활을 위한 발돋음) 교재을 통해서 한국교회에 다시 한 번 건전한 성경공부 모임이 일어나고, 경직되어진 소그룹이 생명력을 얻어 모든 교회가 건강하게 세워지길 소망합니다. 이 책이 출간되기까지 새벽마다 기도로 후원하시는 부모님과 영적 아버지로서 지도해 주신 한성교회 도원욱 목사님께 감사를 드립니다. 뿐만 아니라 언제나 위로와 격려를 아끼지 않으시는 권호 교수님과 임도균 교수님에게도 감사를 전합니다. 늘 바쁜 남편을 위해서 기도로 내조하고 가정을 지켜가는 이숙현 아내와 세 자녀 은수, 서은, 은규에게도 사랑을 전합니다. 교재를 엣지있게 디자인 해준 김예은 자매님에게도 감사를 드립니다.

교재 활용 가이드

이 교재는 학습자들이 기독교 교리확립과 신앙실천에 균형을 갖추기 위한 목적입니다.

교재의 전반부는 핵심 기독교 교리체계를 다루고 있습니다. 신론, 인간론, 기독론, 구원론과 종말론을 다루었습니다. 이해하기 어려운 신학적인 용어들을 쉬운 언어로 풀이하였고, 누구나 쉽게 기독교 교리를 이해하고 적용하도록 구조가 세워져 있습니다. 그러나 깊이 있는 내용에서는 성경의 원어적으로 접근하였고 일반학문에 관한 내용은 전문성 있는 자료를 바탕으로 인용 및 설명하였습니다.

교재의 후반부는 신앙실천을 다루고 있습니다. 교회 안에서 정립되어야 목회자와 성도의 관계를 목자론을 통해서 정리하였고, 교회 안에서 실제적으로 일어날 수 있는 문제들을 다루는 교회론과 관계와 소통, 소그룹과 같은 실천적인 방법론을 다루었습니다. 결국 복음이 땅 끝까지 전해져야 하는 지상명령을 다루고 있어서 구체적으로 우리의 삶의 현장에서 적용하도록 디자인하였습니다.

✏ 암송하기

본문에 들어가기 전에 먼저 주제 성구를 암송합니다. 주제 성구를 암송하고 난 뒤에 학습에 들어가면 본문이해가 빨라지고, 성구를 중심으로 교재의 논리를 따라갈 수 있습니다. 소그룹 멤버들이 돌아가면서 반복적으로 암송하므로 주제 성구를 완벽하게 암송합니다.

🛄 들어가기

도입부에 해당되는 '들어가기'는 최근 이슈나 전문성 있는 시사분야 또는 누구나 부담 없이 마음을 열 수 있도록 제시했습니다. 구태의연한 질문이 아니라 우리의 실생활에서 필요한 내용을 다루고 있고, 특히 현대인의 관심사를 다루어 자연스럽게 본문연구과 연결되도록 했습니다.

🗺 탐구하기

본 양육교재는 본문중심으로 진행되는 귀납적 성경연구를 따릅니다. 본문을 따라 가면서 질문에 대한 해답을 찾도록 유도했습니다. 경우에 따라 주제를 더욱 더 확장시키기 위해 두 가지 이상 본문을 택하여 깊이 있게 다루도록 했습니다. 원어적인 접근과 타 번역본을 비교하면서 폭넓은 이해를 도왔습니다.

전문성이 있는 주제를 다룰 때는 tip을 통해서 상세하게 용어와 내용의 뜻을 설명해 주었습니다. 더 깊은 이해를 위해서 각주를 달아서 본문을 따라갈 때 어려움이 없도록 도움을 주었습니다. 명언이나 인용구를 삽입해서 깊은 묵상을 유도하였습니다.

🌲 돌아보기

적용부분에 해당되는 '돌아보기'는 크게 세 가지로 범주로 적용하도록 노력하였습니다. 하나님에 대한 적용, 이웃(공동체)에 대한 적용, 자신에 대한 적용으로 나누어서 보다 깊고 넓게 반추하도록 했습니다. 구체적인 적용방법으로는 언제(when), 누구(who)에게, 무엇(what)을, 어디에서(where), 어떻게(how), 왜(why)라는 육하원칙에 따라 진행하려고 했습니다.

첫번째 만남

하나님의 존재
(Knowledge of God)

로마서 1장 19-20절

그는 보이지 아니하는 하나님의
형상이시요 모든 피조물보다 먼저
나신 이시니 만물이 그에게서 창조되되
하늘과 땅에서 보이는 것들과 보이지 않는
것들과 혹은 왕권들이나 주권들이나
통치자들이나 권세들이나 만물이 다 그로
말미암고 그를 위하여 창조되었고
또한 그가 만물보다 먼저 계시고
만물이 그 안에 함께 섰느니라
(골 1:15-17)

Becoming Happy Christian

첫번째 만남.
하나님의 존재 (Knowledge of God)
| 로마서 1장 19-20절

🧭 암송하기
(골 1:15-17)

그는 보이지 아니하는 하나님의 형상이시요 모든 피조물보다 먼저 나신이시니 만물이 그에게서 창조되되 하늘과 땅에서 보이는 것들과 보이지 않는 것들과 혹은 왕권들이나 주권들이나 통치자들이나 권세들이나 만물이 다 그로 말미암고 그를 위하여 창조되었고 또한 그가 만물보다 먼저 계시고 만물이 그 안에 함께 섰느니라

📦 들어가기

세상 사람들에게 하나님에 대해서 소개하면 잘 믿지 않고, 받아들이지 않는 경향이 있습니다. 그 이유는 무엇인지 나누어 봅시다.
(직접 경험한 사례를 설명해도 좋습니다.)

🗺 탐구하기

#1 대부분의 사람들이 하나님은 보이지 않기 때문에 믿지 않으려는 경향이 있습니다. 그렇다면 반대로 하나님이 보이시는 형상이나 물질로 존재한다면 어떤 일이 생길까요? 좋은 점과 나쁜 점을 무엇인지 비교해서 생각해 봅시다.

좋은 점	나쁜 점

#2 세상에는 보이는 것만 존재하는 것이 아니라 보이지 않는 것도 존재합니다. 우리 주변에 어떤 것이 있는지 찾아서 나열해 봅시다.

#3 하나님도 보이지 않지만 분명히 존재하시는 분이십니다. 그러한 하나님은 자신을 숨기지 않으시고 드러내기도 하신 분이십니다. (롬 1:19) 이것을 신학적인 용어로 계시(revelation)라고 말합니다. 우리 주변에 어떠한 방법으로 하나님을 알만한 것들, 즉 계시를 드러내시는지 생각나는 대로 말해 봅시다.

(1)

(2)

#4 하나님의 존재를 드러내시는 두 번째 방법은 무엇인가요? (롬 1:20) 두 번째 방법으로 나타난 하나님의 존재 증거는 어떤 것들이 있는지 생각나는 대로 나누어 봅시다.

(1)

(2)

(3)

#5 하나님의 존재를 알 수 있는 마지막 세 번째 방법은 무엇인가요? (요 5:39)

Tip.

오늘날 같이 통신장비가 보급되지 않은 시대에는 정보를 전달하기 위해서는 편지를 사용합니다. 문자(글)에는 힘이 있고 진정성이 묻어나 있기 때문입니다. 하나님도 자신을 소개하려고 하실 때 택하였던 방법이 문자(글)이었습니다.

#6 하나님이 사람에게 자신을 드러내신 것은 하나님을 알아가도록 하신 목적이 있습니다. 혹시 당신은 하나님을 알게 된 경험이나 사건이 있었나요? 만약 그렇지 않다면 현재 어떤 방법으로 하나님을 알아가고 있나요?

#7 당신이 하나님을 알게(만나게) 되었다면 어떤 변화가 있었나요? 만약 변화가 있었다면 서로 나누어 봅시다.

#8 하나님을 안다는 것은 하나님의 성품을 안다는 뜻입니다. 하나님의 성품은 두 가지로 나눠집니다. 첫째는 하나님만 가지고 있는 성품이 있고, 둘째는 인간에게도 있는 성품입니다. 아래에 있는 단어들을 두 가지 범주로 분류해 봅시다.

ex) 영원, 오래 참음, 전지, 공의, 무한, 전능, 양선, 사랑, 긍휼, 화평, 질투, 불변, 자존, 무소부재, 온유..

하나님만 가지고 있는 성품(비공유적 성품)	인간에게도 있는 성품(공유적 성품)

#9 하나님에 대한 성품에 대해서 우리의 자세는 어떠하여야 하는지 비공유적 성품과 공유적 성품을 나눠서 찾아봅시다.

(1) 비공유적인 성품에 대한 우리의 자세 (시 8:3-4)

_____

_____

(2) 공유적인 성품에 대한 우리의 자세 (벧후 1:4)

_____

_____

돌아보기

하나님은 보이지 않으시는 분이시지만 양심과, 종교성, 자연 만물을 통해서 간접적으로 자신을 드러내셨습니다. 그러나 하나님을 보여 주신 가장 확실한 방법은 성경 말씀이고, 그 말씀을 통해서 구원에 이를 수 있습니다. 우리가 하나님을 알아 가면 알아 갈수록 하나님의 성품에 참여하게 됩니다.

#1 창조주이신 하나님은 피조물인 인간이 범접할 수 없는 존재이지만, 그럼에도 불구하고 하나님을 닮아가도록 하신 공유적인 성품도 주셨습니다. 당신이 하나님을 닮아가야 할 성품은 무엇인가요? (8번의 공유적 성품에 대해서 참고하세요.)

#2 만물 속에 나타난 하나님의 영광을 묵상하기 위한 당신만의 방법은 무엇인지 나누어 봅시다.

#3 하나님을 보지 못해서 믿을 수 없다고 하는 사람들에게 하나님에 대해 어떻게 소개할 수 있을지 나누어 봅시다.

두번째 만남

인간의 속성
(Human Attribute)

창세기 1장 26-28절

오라 우리가 여호와께로 돌아가자
여호와께서 우리를 찢으셨으나
도로 낫게 하실 것이요
우리를 치셨으나
싸매어 주실 것임이라
(호 6:1)

Becoming Happy Christian

두번째 만남.
인간의 속성 (Human Attribute)
| 창세기 1장 26-28절

🧭 암송하기 (호 6:1)

오라 우리가 여호와께로 돌아가자 여호와께서 우리를 찢으셨으나 도로 낫게 하실 것이요 우리를 치셨으나 싸매어 주실 것임이라

🧳 들어가기

인류는 탄생 이래로 끊임없이 인간의 기원에 관해 연구해 왔습니다. 과연 인간은 어디에서 어떻게 시작 되었는지 각자의 생각을 이야기해 봅시다.
(오늘날 사람들이 보편적으로 알고 있는 이론을 참고해도 좋습니다.)

📖 탐구하기

#1 인간의 기원은 창조론과 진화론이 팽팽하게 서로 맞섭니다. 두 가지 이론 중에 무엇이 옳은지에 대해 논란이 있기 때문에, 무엇 하나를 택하기는 쉽지 않습니다. 그러나 두 가지 이론 중에 사람들이 신뢰할 수 있는 것은 더 많은 증거를 가진 쪽이라 할 수 있습니다. 당신이 주장하는 이론에 대해서 증거를 나열해 봅시다. 그리고 반대편에 있는 사람들의 주장에 대한 증거도 나열해 봅시다.

#2 모든 물질에는 구성요소가 있듯이 인간에게도 구성요소가 있습니다. 인간의 구성요소는 크게 두 가지 설(theory)로 나누어지는데, 그 구성요소를 찾아봅시다.

1) 이분설 : (   )과 (   ) (창 2:7, 마 10:28)

2) 삼분설 : (   )과 (   )과 (   ) (살전 5:23, 히 4:12)

Tip.

성경은 영(πνεῦμα)과 혼(ψυχή)을 구분하기도 하지만 혼용해서 사용하기도 합니다. '몸은 죽어도 영혼(ψυχή)은 능히 죽이지 못하는 자들을 두려워하지 말고 오직 몸과 영혼(ψυχή)을 능히 지옥에 멸하실 수 있는 이를 두려워하라.'(마 10:28)와 '흙(몸)은 여전히 땅으로 돌아가고 영(πνεῦμα)은 그것을 주신 하나님께로 돌아가기 전에 기억하라'(전 12:7)의 두 구절을 볼 때 성경은 '혼'과 '영'을 같은 개념으로 보고 있디고 합니다.

#3 하나님은 인간을 하나님에게 있는 두 가지 모습을 빗대어 만드셨는데 무엇인지 찾아봅시다. (영어번역 참고)

1) _____ 으로서의 형상 (26절)

2) _____ 으로서의 형상 (28절)

#4 인간에게 있는 하나님의 형상이 깨어지는 사건이 발생했습니다. 하나님이 금지하신 선악과를 아담이 따먹게 되면서 세상에 죄가 들어왔을 때입니다.(창 3:6, 롬 5:12) 그 죄로 말미암아 모든 인간은 죽음에 이르게 되었습니다. 그런데 이 대목에서 선악과에 대해 이해할 수 없는 질문들이 생깁니다. 세 가지로 요약했는데, 각 질문에 대한 각자의 의견을 답해 봅시다.

1) 왜 하나님은 선악과를 굳이 만들어서 인간이 죄를 짓도록 하셨는가요?

2) 왜 인간이 선악과를 먹을 때 하나님이 막지 않으셨나요?

3) 왜 내가 먹지도 않은 아담의 선악과의 죄가 우리에게 유전이 되는가요?

#5 아담의 죄의 유전을 대표성의 원리라고 말합니다. 성경을 보면 여러 곳에 대표성의 원리가 나옵니다. 대표성의 원리에는 어떤 접근법이 있는지 찾아봅시다.

1) _____ 의 접근 (롬 5:18-19)

2) _____ 의(적) 접근 (창 2:18)

3) _____ 의 접근 (히 7:4-10)

#6 하나님은 인간과 사랑의 관계를 맺고 싶으셨지만 결국 인간은 범죄 하여 하나님과의 관계를 깨뜨렸습니다. 그 결과 어떤 관계가 파괴되었는지 찾아봅시다.

1) _____ 과의 관계파괴 (창 3:12)

2) _____ 과의 관계파괴 (창 3:12)

3) _____ 과의 관계파괴 (창 3:18-19)

4) _____ 과의 관계파괴 (삼상 31:4)

#7 우리도 죄로 인해서 깨어진 관계의 고통을 안고 살아가고 있습니다. 위 네 가지의 관계 중에서 최근 깨어진 관계가 있다면 무엇이고, 또 어떤 모습으로 나타나고 있는지 나누어 봅시다.

1) 하나님과의 관계파괴

2) 인간과의 관계파괴

3) 자연(환경)과의 관계파괴

4) 자신과의 관계파괴

#8 파괴된 관계를 회복할 때 진정한 생명과 행복이 보장됩니다. 관계 회복을 위한 유일한 방법은 무엇인가요? (호 6:1)

🌲 돌아보기

인간은 죄로 인해 사망에 이르게 되었고 그로 인해 모든 관계의 파괴가 일어났습니다. 하나님께 돌아가는 것만이 이러한 모든 파괴된 관계를 회복할 수 있습니다.

#1 삶의 현장에서 엉겅퀴와 가시덤불과 같이 우리를 힘겹게 하는 환경적인 요소는 무엇인가요?

#2 사람과의 관계에서 소원해진 사람은 누구이며, 어떻게 다시 다가가야 할지 나눠 봅시다.

#3 오늘날 자신과의 관계에서 무너진 영역을 다시 회복할 수 대안은 무엇인지 나눠 봅시다.

#4 깨어진 하나님과의 형상과 관계를 회복하기 위한 방법은 무엇인가요?

세번째 만남

구원자, 예수 그리스도
(Savior, Jesus Christ)

빌립보서 2장 5-11절

우리에게 있는 대제사장은
우리의 연약함을 동정하지
못하실 이가 아니요
모든 일에 우리와 똑같이
시험을 받으신 이로되
죄는 없으시니라
(히 4:15)

Becoming Happy Christian

세번째 만남.
구원자, 예수 그리스도 (Savior, Jesus Christ)
| 빌립보서 2장 5-11절

🧭 암송하기 (히 4:15)
우리에게 있는 대제사장은 우리의 연약함을 동정하지 못하실 이가 아니요 모든 일에 우리와 똑같이 시험을 받으신 이로되 죄는 없으시니라

📖 들어가기
내 인생에 있어서 경제적인 암흑기는 언제였나요? 그 당시 상황과 심정은 어떠했는지 나누어 봅시다.

🗺 탐구하기

#1 기독교에서 예수 그리스도를 빼놓고서는 설명할 수 없습니다. 예수님이 어떤 분이심을 알게 될 때 기독교 신앙은 비로소 이해됩니다. 예수님은 어떤 속성을 가지셨는지 찾아봅시다. (마 1:18)

1) 완전한 _____ (마 1:18 전반절)

2) 완전한 _____ (마 1:18 후반절)

#2 예수님은 인간에게 있는 똑 같은 인성을 가지셨습니다. 인성의 특징 중에 어떤 것들이 있는지 찾아봅시다.

1) _____ (눅 10:21 전반절, 요 11:33)

2) _____ (눅 2:52)

3) _____ (눅 2:40, 마 4:2)

#3 위의 내용을 통해서 예수님은 인간이 가진 모든 인성을 가지셨음을 살펴보았습니다. 그렇다면 사람에게 있는 동일한 인성을 가지신 이유는 무엇이었을까요? (히 4:15)

구원자, 예수 그리스도 (Savior, Jesus Christ)

#4 예수님은 우리의 고통을 공감해 주시는 분이십니다. 우리가 기쁠 때 함께 기뻐하시고, 우리가 고통가운데 있을 때 함께 아파하십니다. 그럼에도 불구하고 우리는 신앙생활을 하면서 '왜 예수님은 나의 기도를 들어주시지 않는가? 나의 고통을 외면하시는가?' 라고 느낄 때가 많습니다. 당신이 그러한 시간을 겪었을 때는 언제였나요? 또 그 때 심정은 어떠했는지 이야기해 봅시다.

#5 사람이 겪는 고통을 겪으시고, 인간의 모든 아픔을 공감하시는 예수님에게 단 한 가지 없으신 것이 있었습니다. 그것은 무엇인가요? (히 4:15)

#6 예수님은 죄가 없으셨습니다. 예수님은 죄가 없으셔서 하늘 우편에 계셔도 자신의 의로움에 아무런 문제가 없으심에도 불구하고 이 땅에 내려 오셨습니다. 그 이유는 무엇인가요? (빌 2:6-8)

#7 예수님은 완전한 인성을 가지고 인간의 몸으로 오셨을 뿐만 아니라 완전한 신성을 가지신 분이셨습니다. 그 증거는 무엇인가요?

1) _____ 계신 존재 (요 8:57-58)

2) 초자연적인 _____ (마 8:26)

구원자, 예수 그리스도 (Savior, Jesus Christ)

#8 인성과 신성을 가지신 예수님의 속성은 탄생 기사에서도 나타납니다. 예수님의 인성과 신성을 어떻게 표현했는지 찾아봅시다. (마 1:18, 23)

1) 예수님의 인성 (마 1:23)

2) 예수님의 신성 (마 1:18)

#9 성경은 예수님께서 처녀의 몸에서 나셨을 뿐 아니라 성령으로 잉태되셨다고 말합니다. 그렇다면 예수님이 두가지 조건에서 출생하신 이유는 무엇인지 각자의 생각을 나눠 봅시다.

🌲 돌아보기

예수님은 죄 없으신 완전한 하나님이셨지만 인간의 모습으로 오셨고, 마침내 십자가에 못 박히셨습니다. 그 방법이 인간의 죄 값을 대신 치르기 위한 구원의 필요충분조건이었기 때문입니다.

#1 예수님이 이 땅에 내려오신 목적은 무엇인가요?

#2 예수님의 성품 중에 본받고 닮아가야 할 성품은 무엇인가요?

구원자, 예수 그리스도 (Savior, Jesus Christ)

#3 예수님이 인간의 고통을 공감하신 것처럼 당신이 공감해야 할 대상은 누구인가요?

#4 예수님의 신적인 능력을 경험하기 위해 어떤 자세가 중요한지 나눠 봅시다.

네번째 만남

거룩의 여정, 성화
(Sanctification)

빌립보서 3장 12절

하나님이 미리 아신 자들을
또한 그 아들의 형상을
본받게 하기 위하여
미리 정하셨으니
이는 그로 많은 형제 중에서
맏아들이 되게 하려 하심이니라
(롬 8:29)

Becoming Happy Christian

네번째 만남.
거룩의 여정, 성화 (Sanctification)
| 빌립보서 3장 12절

🧭 암송하기　　　　　　　　　　　　　　　　　　　　　(롬 8:29)

하나님이 미리 아신 자들을 또한 그 아들의 형상을 본받게 하기 위하여 미리 정하셨으니 이는 그로 많은 형제 중에서 맏아들이 되게 하려 하심이니라

🧳 들어가기

과거에 예수님을 경험했고 인격적으로 체험했다고 하는 분들이 신앙적으로 미끄러지거나 교회를 떠난 모습을 종종 봅니다. 우리 주변에 그런 경우가 있는지 나누어 봅시다.

📖 탐구하기

#1 구원에 대한 잘 못된 두가지 속단이 있습니다. 첫번째 속단은 믿기만 하면 천국에 갈 수 있다는 것과 둘째는 죄를 많이 지어서 천국에 갈 수 없다는 것입니다. 그러나 두 가지 속단에 대한 성경적인 반론이 있습니다. 어떤 것이 있는지 성경적인 근거를 찾아 봅시다.

1) '믿기만 하면 천국'에 대한 반론 :

2) '죄를 많이 지어 지옥'에 대한 반론 :

#2 구원은 단편적(fractional)이지 않고 총체적(holistic)입니다. 구원의 세 가지 종류를 찾아보고 그 단어적인 의미는 무엇인지 나눠 봅시다.

1) _____ 구원 (롬 5:1)

2) _____ 구원 (빌 2:12)

3) _____ 구원 (롬 8:30)

#3 한국교회는 신앙선배들의 눈물과 수고로 괄목할만한 성장을 이뤄냈습니다. 그러나 안타깝게도 한국교회는 칭의와 영화를 강조한 나머지 구원의 합당한 성화에 대해서는 강조하지 못했습니다. 오늘날 성화되지 않은 크리스천들이 교회에 어떤 병폐를 낳았는지 이야기해 봅시다.

#4 의롭다 하심을 받은 크리스천이라면 반드시 성화되어져 가야할 뿐 아니라 성화에 대한 검증을 받아야 합니다. 성화의 신앙적인 시금석은 무엇일까요?

1) _____ (롬 12:1-2)

2) _____ (롬 8:13)

3) _____ (갈 5:22-23)

Tip.

> 성화는 옛 사람을 죽이는 것과 새 사람을 살게 하는 것입니다. 이것을 종교개혁자 존 칼빈은 죄 죽임(mortification of sin)과 은혜 살림(vivification of grace)의 원리로 표현했습니다. 예수 그리스도를 믿는 자들에게는 반드시 새 사람으로 살아가는 은혜 살림의 원리를 따르게 됩니다.

#5 당신의 신앙생활은 연수는 얼마나 되었나요? 신앙의 연수에 따른 세 가지 변화가 내 삶에 얼마만큼 이루어 졌는지 자기를 진단해 봅시다.

1) 영적 생활의 개선

2) 죄를 혐오

3) 전 인격에 영향

#6 성화(聖化)는 거룩하게 변화되는 과정을 말합니다. 이 말의 의미는 성화에는 최종 목적이 있다는 것을 뜻합니다. 성경이 말하는 성화의 최종 목적은 무엇인가요? (롬 8:29)

#7 신앙은 구원을 끝까지 지켜가는 것입니다. 만약 처음 품었던 구원의 신앙이 변질되거나 흔들리려고 할 때 어떤 자세를 가져야 하나요? (빌 3:12)

🌲 돌아보기

신앙생활은 동기가 순수하고 과정도 깨끗해야 합당한 결과를 누릴 수 있습니다. 구원에 있어서도 의롭다하시는 하나님의 은혜를 경험한 자들은 반드시 성숙한 삶을 살아가야 합니다. 그 때 비로소 영화의 구원을 누리게 됩니다.

#1 내게 끊임없이 죽여야 할 죄의 습관은 무엇인가요?

#2 내 삶에서 은혜를 살리기 위한 노력은 어떤 것이 있나요?

#3 내 말과 행동 속에 예수님의 형상으로 변화되어야 부분은 무엇인가요?

다섯번째 만남

아픔과의 만남
(Wound Recovery)

창세기 45장 4-8절

이와 같이 성령도
우리의 연약함을 도우시나니
우리는 마땅히 기도할 바를 알지 못하나
오직 성령이 말할 수 없는 탄식으로
우리를 위하여 친히 간구하시느니라
(롬 8:26)

Becoming Happy Christian

다섯번째 만남.
아픔과의 만남 (Wound Recovery)
| 창세기 45장 4-8절

🧭 암송하기　　　　　　　　　　　　　　　　　(롬 8:26)

이와 같이 성령도 우리의 연약함을 도우시나니 우리는 마땅히 기도할 바를 알지 못하나 오직 성령이 말할 수 없는 탄식으로 우리를 위하여 친히 간구하시느니라

🎒 들어가기

다음은 호감을 가진 사람 앞에서 나타나는 심리학적인 반응들입니다. 당신은 어떤 반응을 보이는 지 체크해 봅시다. (중복체크)

- ☐ 고개를 옆쪽으로 기울이기
- ☐ 앞쪽으로 기울여 앉기
- ☐ 지속적으로 눈 마주치기
- ☐ 자세하게 대답하기
- ☐ 손목 안쪽이나 손바닥 쪽을 보여주기 (palming)

📖 탐구하기

#1 다음 그림은 무의식 세계가 의식의 세계에 얼마나 큰 영향을 미치는지를 나타냅니다. 우리에게도 과거 경험한 사건으로 인해 무의식중에 나타나는 행동이 있습니다. 나도 모르게 잠재되어 있는 무의식의 세계는 어떤 것이 있는지 찾아서 나누어 봅시다.   ex) 애정결핍, 가난, 낮은 자존감, 욕구불만, 결손가정, 폭력, 외로움, 왕따 등등

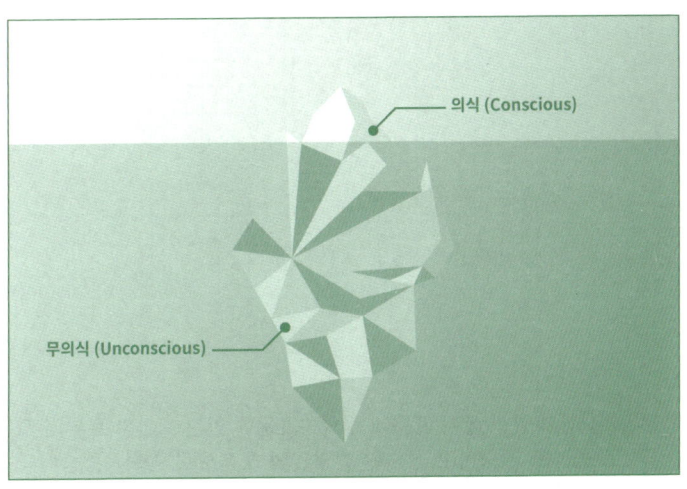

| 무의식(無意識)이란 의식에 영향을 미치는 것으로 실수・꿈・강박행위 등으로 나타난다는 것이다. 행위의 당사자가 자신의 행위 동기를 전혀 알지 못하는 무의식은 인간의 성 충동과 밀접한 관련을 맺고 있다고 프로이트는 말한다. [네이버 지식백과] 무의식과 욕망, 프로이트 (청소년을 위한 서양철학사/2008.7.15/강성률/ 반석)

#2 요셉은 어린 시절과 많은 상처와 결핍을 겪었습니다. 그의 상처와 아픔은 무엇이었나요?

1) _____ (창 37:28)

2) _____ (창 39:20)

3) _____ (창 40:23)

#3 과거 사람들에게 받았던 상처는 현재의 삶에도 영향을 미칩니다. 어릴 때 부모와 형제, 친구 또는 지인으로부터 받았던 상처와 아픔은 어떤 것이 있는지 서로 나누어 봅시다.

#4 요셉은 어릴 때 받았던 상처 때문에 무의식가운데 있는 그 상처로부터 자유롭지 않았습니다. 그럼에도 불구하고 성숙한 신앙인의 모습으로 승화시켰습니다. 그 이유는 무엇인가요? (창 50:19-20)

Tip.

경계성 인간(borderline person)의 원인은 애정과 관심의 결핍인데, 그 특징으로는 감정조절을 못하는 데 있습니다. 어린 시절 부모의 충분히 사랑 받지 못하거나 과잉보호를 받았기 때문에 공감능력을 상실하거나 기본 감정을 조절하는 능력이 발달하지 못합니다.

#5 상처를 치료하기 위해서는 현실에 매몰되지 않고 현실 너머에 있는 선하신 하나님을 믿어야 합니다. 선하신 하나님을 믿기 위해서는 반드시 선행되어야 할 두 가지를 찾아봅시다. (롬 8:28)

(1)

(2)

#6 인간은 두 가지 스트레스를 받는다고 합니다. 첫째는 상황의 스트레스입니다. 이 스트레스는 상황이 좋아지면 이내 사라지게 됩니다. 둘째는 기억의 스트레스입니다. 이 스트레스는 환경이 바뀌어도 계속 따라오게 됩니다. 사단은 과거의 일들을 계속 기억나게 해서 인간을 무기력하게 만듭니다. 기억의 스트레스에서 해방될 수 있는 힘은 무엇인가요? (롬 8:26, 골 1:29)

#7 상처는 개인적인 문제가 아니라 공동체적인 과제입니다. 상처는 공동체적 영성으로 치료해야 합니다. 하나님께서 주신 공동체적인 해결 방법은 무엇인가요?

1)   (창 45:4-5)

2)   (약 5:14-16)

🔖 돌아보기

과거의 아픔과 화해해야 합니다. 비록 과거로 돌아갈 수 없지만 지금 그들을 용서할 때 과거의 아픔은 더 이상 우리의 발목을 잡지 않습니다. 선하신 하나님이 우리의 삶을 신실하게 이끌어 갈 것을 볼 수 있습니다.

#1 내게 상처를 주었던 사람을 향한 용서하는 기도문을 작성해 봅시다.

#2 내가 상처를 주었던 사람에게 어떻게 용서를 구할지 나누어 봅시다.

#3 교회 공동체 안에서 아픔과 연약함을 안고 살아가는 지체는 누가 있나요? 그들을 위해서 기도하는 시간을 가집시다.

여섯번째 만남

일상과 영적전쟁
(Spiritual Encounters)

―――――――――

디모데후서 3장 1-7절

그러므로 하나님의
전신갑주를 취하라
이는 악한 날에 너희가 능히
대적하고 모든 일을 행한 후에
서기 위함이라
(엡 6:13)

Becoming Happy Christian

여섯번째 만남.
일상과 영적전쟁 (Spiritual Encounters)
| 디모데후서 3장 1-7절

📖 암송하기 (엡 6:13)

그러므로 하나님의 전신갑주를 취하라 이는 악한 날에 너희가 능히 대적하고 모든 일을 행한 후에 서기 위함이라

🧳 들어가기

다음은 우리의 일상을 나타낸 것입니다. 자신에게 적용되는 것을 체크해 봅시다.
(중복체크 가능)

- ☐ 하루에 커피를 5잔 이상 마신다.
- ☐ 하루 핸드폰 사용시간이 3시간 이상이 된다.
- ☐ 일주일에 매운 음식을 3회 이상 먹는다.
- ☐ 하루에 한번 이상 게임과 미디어매체에 접속한다.
- ☐ 일주일에 3개 이상 택배가 배달된다.

🗺 탐구하기

#1 한 실험용 쥐로 실험을 했습니다. 어두운 방에 있을 때는 식염수를 주었고, 밝은 방에 있을 때는 설탕물을 주었습니다. 하루는 어두운 방에, 또 하루는 밝은 방에 번갈아 가면서 일주일간 실험했습니다. 그 때 쥐는 어떤 반응을 보였을까요?

#2 말세에 고통 하는 때에 나타나는 현상들을 성경은 말하고 있습니다. 자극적인 현상으로 사람들이 내면적으로 갈등하게 되는데, 이것을 '영적 전쟁'이라고 말합니다. 2-4절에 나타난 자극적인 현상 뒤에 '영적 전쟁'이라는 단어를 붙여서 의미를 생각해 봅시다.

#3 일상에 나타난 영적 전쟁은 배후에는 사단의 영적실체에 의해서 움직여집니다. 그렇다면 사단의 실체는 무엇인가요? (요 8:44)

#4 본문은 말세에 나타나는 현상도 사단으로 인해서 기인했다고 말합니다. 사단의 전략은 무엇인가요? (딤후 3:6)

#5 말세에는 사단은 그리스도인들의 신앙을 교묘하게 속이고 있습니다.
그 대표적인 방법이 무엇인가요? (딤후 3:5)
이런 모습은 주위에 어떤 모습으로 나타나고 있는지 서로 나누어 봅시다.

#6 껍데기 신앙이 아니라 알곡 신앙을 가지기 위해서 경건의 능력이 필요합니다.
이 능력을 소유할 수 있는 첫번째 방법은 무엇인가요? (딤후 3:5 후반절)

Tip.
적을 물리칠 수 있는 가장 중요한 무기는 자극적인 설교나 힘이 있는 책이 아니라
신자의 한결같은 생활이다. -워렌 위어스비-

#7 경건의 생활화를 위해서 경건의 무기가 장착되어야 합니다. 성경에서 말하는 경건의 무기는 무엇인가요? 바울의 전신갑주에서 찾아 적어봅시다. (엡 6:14-17)

1) _____ (엡 6:14)

2) _____ (엡 6:14)

3) _____ (엡 6:15)

4) _____ (엡 6:16)

5) _____ (엡 6:17)

6) _____ (엡 6:17)

#8 영적 전쟁에서 승리하기 위해서 특별히 무장되어야 하고, 훈련되어야 부분은 무엇인가요?

1) 진리이신 예수님과 동행하는 삶

2) 자기 의에 빠지지 않고 은혜에 대한 인식

3) 평안을 가져 복음을 전하는 삶

4) 근심과 염려와 불안을 이길 수 있는 믿음

5) 구원에 대한 확신

6) 말씀을 배우고 익히는 훈련

#9 경건의 능력을 소유하는 두 번째 방법은 무엇인가요? (엡 6:5 후반절)

🌲 돌아보기

경건의 훈련을 통해서 영적 무기가 장착될 때 사단과의 영적 전투에서 승리할 수 있습니다.

#1 최근 내게 가만히 들어오고 있는 사단의 공격은 무엇인지 나눠 봅시다.

#2 경건의 습관을 가지기 위해서 일주일에 정한 시간과 방법은 무엇인가요?

#3 습관적인 죄를 피하기 위해서 가져야 할 건전한 습관은 어떤 것인지 나누어 봅시다.

일곱번째 만남

종말론적 신앙
(Apocalypse)

마태복음 24장 3-24절

그러나 그 날과 그 때는
아무도 모르나니
하늘의 천사들도, 아들도 모르고
오직 아버지만 아시느니라
(마 24:26)

Becoming Happy Christian

일곱번째 만남.

종말론적 신앙 (Apocalypse)

| 마태복음 24장 3-24절

🧭 암송하기 (마 24:26)

그러나 그 날과 그 때는 아무도 모르나니 하늘의 천사들도, 아들도 모르고 오직 아버지만 아시느니라

💼 들어가기

하인리히 법칙은 미국 보험회사의 슈퍼바이저로 일했던 하인리히가 발견해낸 법칙입니다. 통계적으로 보니 심각한 안전사고 1건이 일어나려면 그 전에 동일한 원인의 경미한 사고의 29건이 발생하고, 그 전에 그러한 위험에 300회 노출되어 진다는 법칙입니다. 주위에 이러한 경험의 사례는 어떤 것이 있었는지 나눠 봅시다.

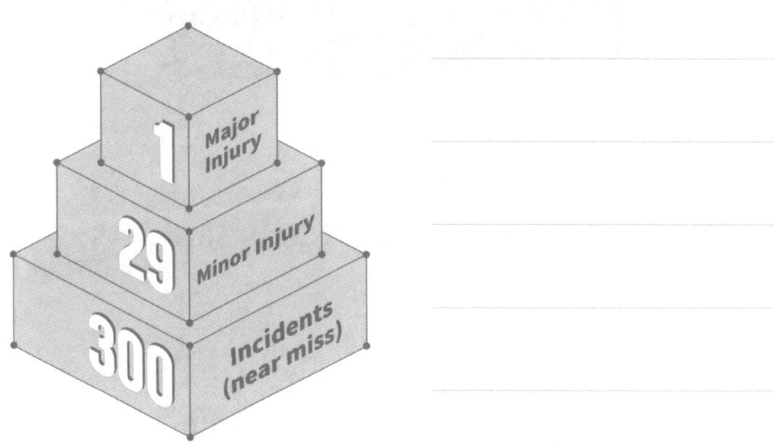

탐구하기

#1 세상에는 불편한 진실이 있습니다. 인정하고 싶지 않지만 거부할 수 없는 진실입니다. 종말에 관한 교리도 피할 수 없는 불편한 진실입니다. 그러나 사람들이 종말에 대해서 잘못된 극단의 생각을 가지고 있습니다. 양 극단에는 어떤 것이 있나요?

1) 첫 번째 극단 :

2) 두 번째 극단 :

#2 성경에서 말하고 있는 종말론은 무엇인가요? (마 24:26)

#3 성경은 종말은 곧 올 것이라고 임박성을 말하지만 정확한 시간과 날짜를 말하고 있지 않습니다. 그 이유는 무엇이라고 생각하나요?

#4 종말은 정확한 시간과 날짜는 알 수 없지만 징후가 반드시 나타납니다. 성경에서 말하는 종말의 징후는 무엇인지 찾아봅시다.

1) _____ 의 출현 (마 24:24)

2) _____ 과 자연재해 (마 24:7)

3) _____ 과 _____ (딤전 4:1)

4) _____ 에게 복음전파, 이스라엘의 _____ (마 24:14)

#5 최근 우리 주변에서 이러한 종말의 징후가 어떻게 나타고 있는지 서로 나누어 봅시다.

1) 적그리스도(이단)의 출현

2) 전쟁과 자연재해

3) 대 환난과 대 배교

4) 모든 민족에게 복음전파, 이스라엘의 회심

#6 종말에 대한 경고를 들을 때 이런 의문을 갖는 경우를 종종 봅니다. '이러한 징후는 이미 과거에도 있어 왔고, 예수님 당시에도 있었지만 종말이 오지 않았습니다. 그러므로 믿을 것이 못된다.'라고 합니다. 종말의 교리는 신자들을 겁박하기 수단일까요? 당신의 종말의 견해는 어떠한 지 나눠 봅시다.

#7 종말의 때가 이르면 모든 자들이 최후의 심판을 받습니다. 그 심판에 따라 다른 결과가 주어집니다. 그 결과가 무엇인가요?

1) 불신자 : 영원한 _____ (전 12:14)

2) 신자 : 영원한 _____ (롬 14:10, 12)

#8 종말에 대한 신자의 자세는 분명해야 합니다. 한쪽으로 치우치지 않는 균형 있는 자세가 필요합니다. 종말에 대한 어떤 적용이 필요한지 찾아봅시다.

1) 미래적인 적용 _____ (마 6:20)

2) 현재적인 적용 _____ (살후 3:11-12)

🌲 돌아보기

기독교는 직선적인 역사관입니다. 시작이 있으면 반드시 마지막이 있습니다. 마지막 종말의 때가 있음을 잊지 말고 겸손한 마음으로 심판의 때를 준비해야 합니다. 그러나 하나님의 백성에 있어서 마지막 심판은 계산의 개념이지 심판은 개념은 아닙니다.

#1 만약 내일 예수님이 재림하신다면 오늘 어떤 삶을 살아갈지 나눠 봅시다.

#2 천국에 보물을 쌓기 위해 어떤 재정관을 가져야 할지 나눠 봅시다.

#3 주변에 잘 못된 종말론에 빠져 있는 자들은 있나요? 그들을 위해서 어떻게 도움을 주어야 할지 함께 나누어 봅시다.

여덟번째 만남

목자와 양
(Shepherdship)

요한복음 10장 1-7절

도둑이 오는 것은
도둑질하고 죽이고
멸망시키려는 것뿐이요 내가 온 것은
양으로 생명을 얻게 하고
더 풍성히 얻게 하려는 것이라
(요 10:10)

Becoming Happy Christian

여덟번째 만남.

목자와 양 (Shepherdship)
| 요한복음 10장 1-7절

암송하기 (요 10:10)

도둑이 오는 것은 도둑질하고 죽이고 멸망시키려는 것뿐이요 내가 온 것은 양으로 생명을 얻게 하고 더 풍성히 얻게 하려는 것이라

들어가기

리더(leader)는 어떤 사람이라고 생각하는지 각자의 생각을 나누어 봅시다.

📖 탐구하기

#1 성경은 양을 돌보는 사람 '목자'와 동물 '양'의 관계를 교회 구성원 간의 관계로 비유하고 있습니다. 우리가 흔히 말하는 목자와 양은 누구를 뜻하는지 서로 나누어 봅시다.

#2 신앙생활에 있어서 목자와 양의 관계는 뗄래야 뗄 수 없는 관계입니다. 여러분은 교회의 목자(목사, 전도사, 팀장, 구역장, 셀장과 같은 리더들)와 어떻게 관계를 맺고 있나요? 또 그 이유는 무엇인지 서로 나누어 봅시다.

1) 목자와 맺는 관계를 거부함

2) 목자를 맹목적으로 따름

3) 기타

목자와 양 (Shepherdship)

#3 본문은 '목자론'에 관한 말씀으로 예수님은 이스라엘의 목자 중에 참된 목자가 있는 반면에 거짓 목자도 있다고 말씀하셨습니다. 성경에서 말하는 거짓 목자는 어떤 자인가요? (1절)

#4 거짓 목자를 따라가다간 낭패를 보거나 영혼이 피폐해질 수 있습니다. 그러므로 참된 목자를 만나야 합니다. 그렇다면 참된 목자와 거짓 목자를 어떻게 구별할 수 있을까요? (계 2:2)

#5 양 떼들은 주께서 주신 분별력으로 참된 목자인지 거짓 목자인지를 판별 할 수 있습니다. 참된 목자를 분별해 낼 수 있는 기준은 무엇인가요? (2절)

#6 본문에서 반복해서 나오는 양의 문(Sheep Gate)은 무엇을 뜻할까요? (7절)

#7 본문의 말씀을 근거로 참된 목자와 거짓 목자, 그리고 양과 양의 문이신 예수님과의 관계를 그림으로 보고, 그림의 의미가 무엇인지 생각하고 나누어 봅시다. (1~2절)

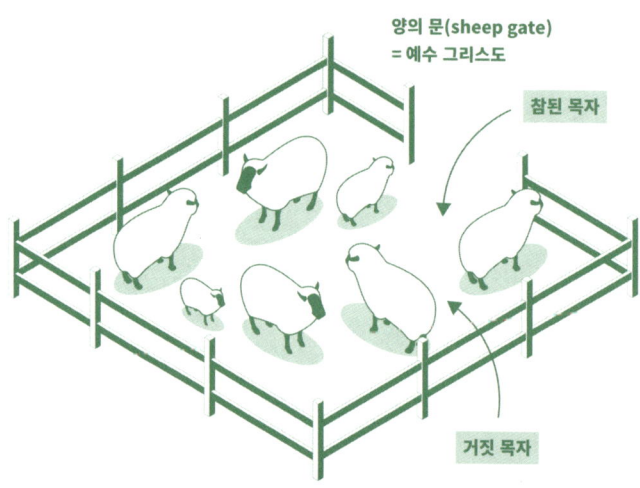

#8 성도는 그리스도를 통과하지 않은 목자를 경계해야 합니다. 그리스도를 통과한 목자는 양 떼를 책임지고 생명을 다해 사랑할 수 있습니다(11절). 그러나 거짓 목자는 양 떼들을 멸망으로 이끌어 갑니다. 거짓 목자의 어떤 모습이 양 떼를 멸망으로 인도할까요? (렘 23:1-2)

#9 우리는 좋은 목자가 되는 것만큼 좋은 목자를 만나는 것이 중요합니다. 좋은 목자를 만나기 위해서 필요한 것이 무엇인지 아래 그림을 보면서 유추해 봅시다.

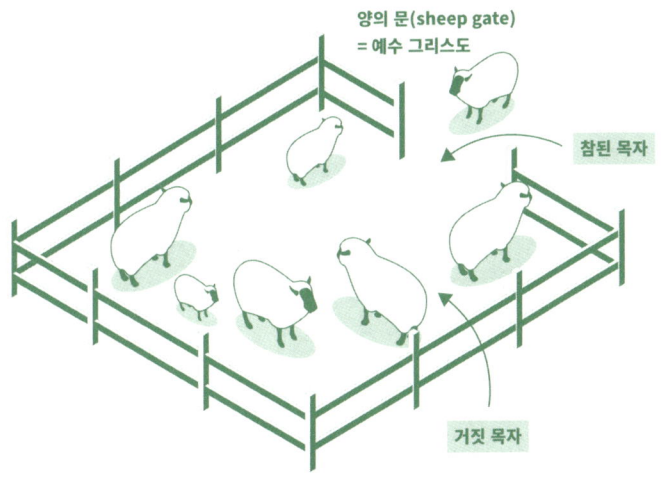

돌아보기

신앙생활은 목자와 양의 관계 안에서 세워집니다. 건강한 목자론의 바탕위에서 참된 목자를 만나고, 참된 양이 되어가야 합니다.

#1 매일의 삶에서 먼저 예수님을 만나기 위한 방법을 나누어 보고, 어떤 리더가 되고 싶은지 나누어 봅시다.

#2 아직 나의 삶에 예수님을 통과한 사건(회심)이 없다면, 인격적인 체험을 위해서 어떤 자세가 필요한지 나누어 봅시다.

#3 참된 목자가 되기 전, 참된 양이 되기 위해서 예수 그리스도를 어떻게 통과 할 수 있는지 나누어 봅시다.

아홉번째 만남

교회의 영광
(Ecclesiology)

마가복음 2장 13-17절

예수께서 들으시고
그들에게 이르시되
건강한 자에게는 의사가 쓸 데 없고
병든 자에게라야 쓸 데 있느니라
나는 의인을 부르러 온 것이 아니요
죄인을 부르러 왔노라 하시니라
(막 2:17)

Becoming Happy Christian

아홉번째 만남.
교회의 영광 (Ecclesiology)
| 마가복음 2장 13-17절

🧭 암송하기 (막 2:17)

예수께서 들으시고 그들에게 이르시되 건강한 자에게는 의사가 쓸 데 없고 병든 자에게라야 쓸 데 있느니라 나는 의인을 부르러 온 것이 아니요 죄인을 부르러 왔노라 하시니라

📖 들어가기

오늘날 교회의 긍정적인 모습과 부정적인 모습에는 어떤 것이 있는지 이야기해 봅시다.

1) 긍정적인 모습 :

2) 부정적인 모습 :

🗺 탐구하기

#1 가버나움에 사는 많은 사람들이 예수님께 모여 들었습니다. 당시 특정한 부류의 사람들이 많이 모여 들었는데, 그들은 누구였나요? (15절)

#2 한편 세리와 죄인이 예수님께 나가는 것을 못 마땅히 여기고 반대하는 사람도 있었습니다. 어떤 부류의 사람이었나요? 왜 그들은 반대했을까요? (16절)

#3 예수님이 자신에게 나오는 세리와 죄인들을 가로막는 종교지도자들에게 하신 말씀은 무엇이었나요? (17절)

Tip.

종교지도자들은 '의인(義人)의식'이 충만한 사람들이었습니다. 그래서 죄인들은 그들에게 가까이 갈 수 없었고, 그 죄인들이 예수님께 나아가는 것도 반대했습니다. 오늘날에도 이런 '의인 의식'으로 교회에 나오는 사람들이 있습니다. '의인 의식'이 많은 교회는 사람들이 예수님께 나아가는 것을 방해할 수 있습니다.

#4 신앙생활 가운데 '의인 의식'이 생기게 되는 요인에는 무엇이 있는지 나누어 봅시다.

#5 '의인 의식'이 생기는 근본적인 이유는 '공동체 의식'이 결여되었기 때문입니다. 교회를 개개인으로만 생각하면 나만 의롭고 다른 자들은 불의하다고 여길 수 있습니다. 그러나 성경에서 교회는 어떤 곳이라고 말하고 있나요? (고전 1:2-3)

#6 교회를 공동체로 부르셨다는 것은 하나의 '몸의 지체'로 부르셨다는 것입니다. 몸의 한 지체(part)가 다치거나 쓸 수 없다면 어떤 불편한 점이 어떤 것이 있는지 나열해 봅시다. (자신의 불편했던 경험을 예로 들어도 좋습니다.)

(1)

(2)

(3)

(4)

#7 교회는 하나의 몸이라는 일치성으로 연합해야 합니다.
더불어 교회는 일치성(conformity)과 함께 다양성(diversity)도 인정해야 합니다.
교회에 있는 일치성과 다양성의 공존에 관한 성경적인 근거는 무엇인가요?
(롬 12:4)

#8 하나님은 왜 하나의 몸 공동체에서 다른 기능을 가진 지체들을 주셨을까요?
(롬 12:4-8)

#9 자신에게 있는 강점과 약점은 무엇인지 이야기해 봅시다.

1) 강점 :

2) 약점 :

🌲 돌아보기

하나님이 공동체로 교회를 부르신 것은 서로의 부족한 부분을 채우고, 강점은 세워주기 위한 목적이 있습니다.

#1 우리 주변에 고통 받고 아픔 가운데 있는 지체는 누가 있나요? 또 그들을 어떻게 도와야 할지 나누어 봅시다.

#2 내가 가진 은사는 어떤 것인지 있는지 찾아봅시다.

> < 은사의 3가지 범주 예시 >
> 1) 사역의 은사 : 전도와 봉사, 섬김과 구제, 예언과 가르침 등
> 2) 기술의 은사 : 조형, 미술, 음악, 기계, 계산, 설비 등
> 3) 성품의 은사 : 긍휼, 성실, 온유, 부지런함, 공감과 위로 등

1) 사역의 은사

2) 기술의 은사

3) 성품의 은사

#3 나의 약점을 어떻게 보완하고, 나의 강점(은사)를 교회 공동체에서 어떤 모습과 역할로 섬기면 좋을지 나누어 봅시다.

열번째 만남

관계와 소통
(Relationship & Communication)

요한복음 1장 1, 14절

말씀이 육신이 되어
우리 가운데 거하시매
우리가 그의 영광을 보니
아버지의 독생자의 영광이요
은혜와 진리가 충만하더라
(요 1:14)

Becoming Happy Christian

열번째 만남.
관계와 소통 (Relationship & Communication)
| 요한복음 1장 1, 14절

🧭 암송하기 (요 1:14)
말씀이 육신이 되어 우리 가운데 거하시매 우리가 그의 영광을 보니 아버지의 독생자의 영광이요 은혜와 진리가 충만하더라

🎒 들어가기
사역 중 전도, 심방, 또는 소그룹을 인도할 때 어떤 어려운 점이 있는지 나누어 봅시다.

- [ ] 어떤 말로 시작해야 할지 또는 그들의 속마음을 어떻게 끌어내야할지 모르겠다.

- [ ] 상대가 나에게 이성적으로 접근해 올 때 불편하다.

- [ ] 상대에게 나의 상처가 드러날까 봐 마음 여는 것을 주저하게 된다.

- [ ] 성경 지식이 부족해서 신앙적인 질문에 답하기가 두렵다.

- [ ] 기타

📖 탐구하기

#1 오늘날 현대인의 화두는 '관계와 소통'입니다. 사람들과 얼마만큼 관계 맺고 소통하느냐에 따라, 보다 윤택한 삶을 살 수 있습니다. 이러한 관계와 소통은 교회 공동체에서도 대단히 중요합니다. 성경에서 관계와 소통의 모델을 찾아봅시다. (1절)

#2 성부 하나님과 성자 예수님은 태초부터 함께 거하셨습니다. 삼위일체 하나님은 완벽한 관계의 모델을 가지고 계셨고 이러한 깊은 관계를 인간에게도 나타내기를 원하셨습니다. 인간을 향한 하나님의 관계 맺기는 어떠한 방법으로 시작되었나요? (14절)

#3 예수님은 관계 맺기를 소통의 방법으로 시작하셨습니다. 인간이 '사회적인 존재'라는 것은 관계성을 가지고 소통하는 존재를 뜻합니다. 소통에 있어서 중요한 것은 무엇이라고 생각하는지 각자의 생각을 나누어 봅시다.

#4 예수님은 '소통'의 본을 보여 주셨습니다. 예수님의 소통의 기술 중에서 핵심은 무엇이었나요? (막 6:34)

#5 소통의 두 번째 기술은 '표현'입니다. 많은 사람들이 표현 방법이 서툴러서 소통하지 못하는 경우가 많습니다. 아무리 좋은 내용을 전한다 할지라도 표현 방법이 올바르지 못하면 상대는 받아들이지 않습니다. 당신의 표현 방법에 부정적인 영향을 주는 요인은 무엇인가요?

1) 어릴 때 부모님에게 들었던 잘못된 언어 습관

2) 친구들과 나누었던 욕설과 부정적인 언어

3) 나의 상처와 약점을 감추기 위한 방어기제적인 언어

4) 부정적인 생각으로 기인한 표현

5) 기타

Tip.

◆ 방어 기제(防禦機制, Defense Mechanism)는 스트레스 및 불안의 위협으로부터 자신을 보호하기 위해 실제적인 욕망을 무의식적으로 속이면서 대체하는 양식이다.

#6 어릴 때 받았던 어떤 상처와 충격으로 인해서 나도 모르게 말과 행동에서 어떠한 왜곡된 모습으로 사람들에게 나타나고 있는지 나누어 봅시다.

#7 사역에는 두 종류가 있습니다.
첫째는 사람 중심의 사역, 둘째는 일 중심의 사역이 있습니다. 각각의 장단점을 찾아 비교해 봅시다. 그리고 당신은 어떤 사역에 가까운지 나누어 봅시다.

사람 중심의 사역		일 중심의 사역	
장점	단점	장점	단점

#8 사람중심의 사역과 일 중심의 사역 중에 우월하거나 열등한 사역은 없습니다. 자신의 장점을 계발하고 단점을 보완해 가는 것이 더 중요합니다. 당신에게 있어 어떤 사람이 장점을 살리고 단점을 보안해 가야 할 부분은 무엇인지 나눠 봅시다.

1) 계발해야 할 장점

2) 보완해야 할 단점

#9 크리스천이 '관계와 소통'의 기술을 통해 이루고자 하는 궁극적인 목적은 '진리'를 전하는 것이어야 합니다. 진리를 전하는 가장 좋은 방법은 무엇일까요? (벧전 3:15)

🌲 돌아보기

예수님께서 먼저 관계와 소통의 모범을 보이셨습니다. 우리 안에 예수님과 같이 관계와 소통의 기술을 장착한다면 효과적으로 공동체를 세워 갈 수 있습니다.

#1 오늘 관계와 소통의 리더십을 통해서 느낀 점과 결단한 점이 무엇인지 이야기해 봅시다.

#2 어릴 때 나의 상처와 아픔을 치유하기 위해서 내게 필요한 것은 무엇인가요?

#3 나에게 깨어지고 끊어진 관계에 있는 사람은 누구이며, 구체적으로 그들에게 어떻게 다가갈지 나누어 봅시다.

열한번째 만남

전도와 선교
(Evangelism & Mission)

누가복음 10장 29-37절

주인이 종에게 이르되
길과 산울타리 가로 나가서
사람을 강권하여 데려다가
내 집을 채우라
(눅 14:23)

Becoming Happy Christian

열한번째 만남.

전도와 선교 (Evangelism & Mission)

| 누가복음 10장 29-37절

🧭 암송하기   (눅 14:23)

주인이 종에게 이르되 길과 산울타리 가로 나가서 사람을 강권하여 데려다가 내 집을 채우라

🧳 들어가기

인생에서 힘들었던 시기에 극적인 도움을 받은 적이 있었나요? 그 때 심정은 어떠했는지 나누어 봅시다.

📖 탐구하기

#1 본문에서 한 유대인이 예루살렘에서 여리고로 가는 길에 강도를 만나게 됩니다. 그때 강도 만난 사람은 어떤 상황에 처하게 되었나요? (30절)

#2 마침 세 사람이 지나가게 됩니다. 세 사람은 누구였고, 어떤 행동을 취하였는지 구분해 설명해 봅시다.

	31절	32절	33-34절
지나친 사람			
취한 행동			

#3 세 사람, 즉 제사장과 레위인과 사마리아인은 강도 만나 자를 똑같이 보았습니다. 그런데 앞선 두 사람(제사장, 레위인)과 사마리아인은 전혀 다른 행동을 취했습니다. (33절) 그 이유가 무엇이었는지 이야기해 봅시다.

Tip.

전도는 영혼에 대해 아파하는 마음에서 시작됩니다. 영혼을 사랑하는 마음이 가슴에서 불타올라야 강도 만난 자에게까지 손을 내밀 수 있습니다.

#4 예수님은 마지막으로 질문하십니다. '네 생각에는 이 세 사람 중에 누가 강도 만난 자의 이웃이 되겠느냐?' 그때 율법교사의 대답은 무엇이었나요? 그리고 예수님의 결론은 무엇이었나요? (36-37절)

#5 신앙은 종교적인 틀에 매여 있는 이론적인 고찰이 아닙니다. '너도 이와 같이 하라'는 예수님의 말씀에 실천하는 순종입니다. 예수님의 말씀에 순종하여 가서 이와 같이 해야 할 전도와 선교적인 대상은 누구인지 나누어 봅시다.
(편의상 전도의 대상을 국내, 선교의 대상을 국외로 나눕니다.)

1) 전도의 대상

2) 선교의 대상

#6 전도(선교)는 대상을 먼저 인식해야 합니다. 전도의 대상과 방법은 무엇인가요? 그리고 어떤 선교의 방향으로 가는 것이 바람직한지 이야기해 봅시다.

구약의 대상	신약의 대상
열왕기상 8장 41-43절	사도행전 1장 8절
_____ 적 전도	_____ 적 전도

전도와 선교 (Evangelism & Mission)

#7 구심적 전도와 원심적 전도의 균형으로 교회를 건강하게 세워질 수 있습니다. 지금 우리 교회는 두 가지 중에 어떤 전도에 무게 중심을 두고 있는지 나눠 봅시다. 균형을 갖추기 위해서 필요한 부분은 전도(선교) 전략을 세워 봅시다.

#8 전도(선교)는 전략을 세울 때 열매를 맺을 수 있습니다. 전도의 세 가지 전략은 무엇인지 이야기해 봅시다.

1) _____ (잠 14:13)

2) _____ (고후 9:6)

3) _____ (눅 14:23)

 **돌아보기**

전도는 먼저 아버지의 마음을 품고 나아가야 합니다. 영혼을 바라보는 하나님의 심장을 가져야 전략적으로 복음을 전할 수 있습니다.

#1 전도(선교)는 골치 아픈 일이 아니라 가슴을 아파해야 할 일입니다. 당신은 가슴으로 품어야 할 전도 대상자는 누구인가요? (5명씩 작정해 봅시다.)

#2 웃음의 전략, 파종의 전략, 강권의 전략 중에 내게 필요한 전략은 무엇인지 나누어 봅시다.

#3 복음의 씨를 뿌리기 위해서 정기적으로 나가서 복음을 전하는 장소와 시간을 설정해 정기적으로 복음을 전합시다.

- 장소 :

- 시간 :

열두번째 만남

역동적인 소그룹
(Small Group)

사도행전 2장 46-47절

날마다 마음을 같이하여
성전에 모이기를 힘쓰고
집에서 떡을 떼며
기쁨과 순전한 마음으로 음식을 먹고
하나님을 찬미하며
또 온 백성에게 칭송을 받으니
주께서 구원 받는 사람을
날마다 더하게 하시니라
(행 2:46-47)

Becoming Happy Christian

열두번째 만남.
역동적인 소그룹 (Small Group)
| 사도행전 2장 46-47절

🧭 암송하기 (행 2:46-47)

날마다 마음을 같이하여 성전에 모이기를 힘쓰고 집에서 떡을 떼며 기쁨과 순전한 마음으로 음식을 먹고 하나님을 찬미하며 또 온 백성에게 칭송을 받으니 주께서 구원 받는 사람을 날마다 더하게 하시니라

📖 들어가기

여러분이 지금까지 경험했던 소그룹이나 동호회 모임 중에 가장 기억에 남는 모임 무엇이었나요?

#1 교회 공동체의 역사는 소그룹의 역사입니다. 성경에서 말하는 소그룹의 근거를 찾아 빈칸에 넣어 봅시다.

1) 예수제자 공동체 : _____ 가 아닌 _____ 에 집중된 공동체 (막 3:14-15)

2) 초대교회 공동체 : _____ 만 아니라 _____ 중심 공동체 (행 2:46-47)

3) 교회사적 공동체 : 셀 그룹의 시작은 _____ (약 5:16)

#2 종교개혁자 루터는 소그룹을 '교회 안의 교회'(ecclesiola in ecclesia)라고 정의했습니다. 즉, 대그룹 안에는 소그룹의 구성원이 있다는 뜻입니다. 교회 안에 교회를 뜻하는 소그룹은 어떤 자들로 구성되어 있나요? (막 3:16-19) 그들의 특징을 서로 나누어 봅시다.

#3 다음은 대그룹(예배)과 소그룹 참석에 따른 분류표를 나타낸 것입니다. 각 번호에 있는 화살표 방향으로 이동하기 위한 방법은 무엇인지 이야기해 봅시다.

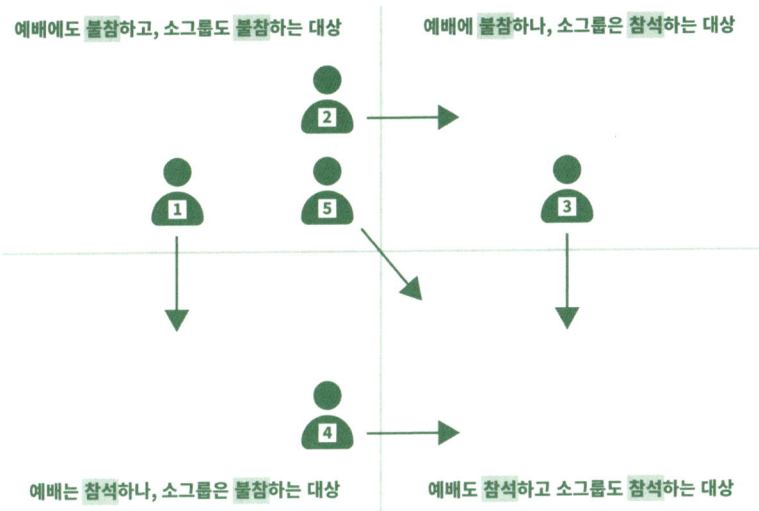

#4 소그룹에는 대그룹에서 경험하지 못하는 두 가지 역동성이 있습니다. 본문에서 찾아 빈칸에 넣어 봅시다.

1) _____ 을 함께 견딘 공동체 (눅 22:28)

2) _____ 와 _____ 가 있는 공동체 (행 2:46-47)

Tip.

> 어떤 교구도 큰 모임 안에 소그룹이 없으면, 계속 번성하지도 못하고 또 앞으로도 결코 번성할 수도 없을 것이다. - 존 웨슬리 -

#5 소그룹에는 대그룹에서 누릴 수 없는 역동적인 깊은 교제가 있지만, 종종 갈등을 낳기도 합니다. 당신은 소그룹에서 갈등을 경험한 적이 있나요? 또 그 갈등을 해결했다면 그 해법은 무엇이었나요? (막 1:38)

#6 소그룹은 탄탄한 이론적인 바탕 위에 실제적인 과정이 필요합니다. 이러한 과정은 모임을 더 매끄럽게 만들고 소그룹 구성원들이 쉽게 마음을 열게 만듭니다. 4가지 순서에 따라 들어갈 내용을 나누어 봅시다.

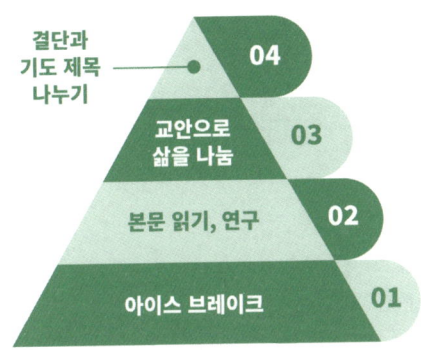

1) 아이스 브레이크

2) 본문 읽기, 연구

3) 교안으로 삶을 나눔

4) 결단과 기도 제목 나누기

#7 어떤 공동체이든 발전하는 공동체가 있는 반면 쇠퇴하는 공동체도 있습니다. 분명한 목적의식이 있을 때 공동체는 쇠퇴하지 않습니다. 건강한 소그룹 공동체를 위한 목적은 무엇인가요? (딤후 2:2)

🌲 돌아보기

건강한 교회는 강력한 기름 부으심이 있는 대그룹 공동체와 함께 역동적인 소그룹 공동체를 성도들에게 함께 경험하게 해야 합니다.

#1 소그룹에 임하는 4가지 순서에 따라 자신의 부족한 점이 무엇인지 나누고, 부족한 부분을 어떻게 보완하면 좋을지 생각하고 나누어 봅시다.

1) 아이스 브레이크

2) 본문 읽기, 연구

3) 교안으로 삶을 나눔

4) 결단과 기도 제목 나누기

#2 우리교회 구역(셀 모임)에 초대되어 온 방문자이 잘 정착하게 하는 방법은 무엇인지 나누어 봅시다.

#3 영적으로 재생산하는 공동체로 세우기 위해서 품고, 가르쳐야 할 대상은 누구인지 나눠 봅시다.

인터뷰 질문지

본 인터뷰 질문지는 양육과정에 들어가기 전에
학습자가 인도자에게 인터뷰를 받도록 작성하는 것입니다.
학습자들은 바쁜 일상을 잠시 내려놓고
나를 돌아보는 시간을 가지면서 양육을 준비해 보세요.
다음의 질문들은 '나'를 찾는 데 다소간 도움을 줄 것이며,
양육과정이 더 좋은 방향으로 나갈 수 있는 자료가 될 것입니다.

#1 지금까지의 삶을 몇 단계로 나누고 각 단계별 특징과 상황들을 기록해 보세요.

#2 자신이 존경하는 인물에 대해서 적고, 왜 그를 존경하는지 이유를 적어 보세요.

#3 기도해서 하나님의 인도하심을 경험한 사건에 대해서 적어 보세요.

#4 자신이 생각하는 자신의 삶에서의 가장 중요한 가치들에 대해 적으시고 왜 그것을 중요하게 생각하는지 적어 보세요.

#5 자신의 인생에서 가장 최고의 순간과 최악의 순간은 언제였나요?

#6 가족 관계에 대해 적으세요. 각 구성원들에 대해 묘사하고, 가정의 경제적, 영적 상황을 자세히 묘사해 보세요.

#7 현재 자신과 가장 친한 관계에 있는 사람과 불편한 관계에 있는 사람에 대해 적으세요.

#8 이제까지 경험한 가장 자랑스러운 일을 적으세요.

#9 이제까지 경험한 가장 상처받은 일을 적으세요.

#10 자신의 강점이라고 생각하는 것들을 적으세요. (5가지 이상)

#11 자신이 남들과 비교해서 열등감을 느끼는 것이 무엇인지 적으세요.
(5가지 이상)

#12 가장 인상 깊게 읽은 책과 영화는 무엇이었나요? 그 이유는 무엇인가요?

#13 술과 담배에 대한 당신의 태도는 어떻습니까? 개인적으로 음주, 흡연을 하고 있습니까? 한다면 그 이유와 하지 않는다면 그 이유를 적으세요.

#14 가장 좋아하는 성경 구절은 무엇인가요? 그리고 이유는?

#15 가장 좋아하는 찬양곡은 무엇인가? 그리고 그 이유는?

#16 처음 교회에 다니기 시작한 것은 언제부터인가요?
그리고 현재 다니는 교회는 어떻게 오게 되었나요?

#17 당신의 비전은 무엇인가요? 그 비전을 위해 준비하고 있는 것은 무엇인가요?

#18 언제 예수님을 구주로 영접했나요?

#19 당신이 예수님을 구주로 믿고 있다는 것을 어떻게 증명할 수 있나요?

#20 예수님을 믿으면서 가장 '영적인 변화'를 경험했던 때가 언제인가요?

#21 이 양육 과정을 하면서 기대하는 바는 무엇인가요? 기도제목은 무엇인가요?

과제물 점검표

○ : 과제물을 빠짐없이 했을 때
△ : 일부만 했을 때
× : 전혀 못했을 때

반 :
성명 :

날짜	교재내용	예습	암송구절	성경통독	독서과제	생활과제	큐티	설교노트	확인란
/	1. 하나님의 존재		골1:15-17						
/	2. 인간의 속성		호1:26-28						
/	3. 구원자 예수 그리스도		히4:15						
/	4. 거룩한 여정, 성화		롬8:29						
/	5. 상처와의 만남		롬8:26						
/	6. 일상과 영적전쟁		엡6:13						

지극히 작은 것에 충성된 자는
큰 것에도 충성되고
지극히 작은 것에 불의한 자는
큰 것에도 불의하니라
- 눅16:10 -

날짜	교재내용	예습	암송 구절	성경 통독	독서 과제	생활 과제	큐티	설교 노트	확인란
/	7. 종말론적 신앙		마24:26						
/	8. 목자와 양		요10:1-7						
/	9. 교회의 영광		막2:17						
/	10. 관계와 소통		요1:14						
/	11. 전도와 선교		눅14:23						
/	12. 역동적인 소그룹		행2:46-47						

성장반 양육교재

Becoming
Happy Christian (학습자용)

행복한 신앙생활을 위 —— 한 발돋움

ⓒ 2022. 홍석균

발 행 일	초판 2022년 05월 31일
저　　자	홍석균 yakob7@hanmail.net
발 행 인	임 철
발 행 처	샘곁의 나무
출판등록	2020년 10월 28일 제 409-2020-000053호
주　　소	경기도 김포시 김포한강2로 189
디 자 인	김예은
인　　쇄	서진 TPS

- 이 책의 판권은 지은이와 **샘곁의나무**에 있습니다.
- ISBN 979-11-972313-0-8